FENÊTRE OUVERTE SUR LES SCIENCES

W0352687

HISTOIRES DE COMPTES

texte de Françoise Cerquetti-Aberkane
illustrations de François Jeannequin

ÉPIGONES

1

2

10

De tous temps, les hommes ont noté des quantités. Dès la préhistoire (1), ils font des entailles sur des os, à l'aide de silex. Vers 3500 avant notre ère, les *Sumériens** (2), avec un *calame**, marquent sur des tablettes d'argile des empreintes de forme et de tailles différentes : ils dénombrent ainsi des marchandises. Vers 3000 avant notre ère, les Égyptiens (3) notent, à l'aide d'*hiéroglyphes**, les quantités d'offrandes présentes dans un tombeau.

Mille ans plus tard, les *Babyloniens** (4) tracent des *chiffres** *cunéiformes** sur des tablettes d'argile. La valeur de ces chiffres n'est pas immuable : elle change avec leur position. Vers le IIIe siècle avant notre ère, ils conçoivent le zéro. Vers la même époque, les Grecs, puis les Romains (5),

9

8

3

4

écrivent les *nombres* * avec des lettres. Ils calculent à l'aide d'*abaques* * à cailloux (en latin *calculi*) * et ne notent que les résultats.

Entre le IIe et le IIIe siècle de notre ère, les *Mayas* * (6) et les savants chinois (7) utilisent un système de *numération de position* *. Au VIIIe siècle, les Arabes (8) emploient une numération de position de *base* * dix identique à la nôtre. Ils l'ont empruntée aux Indiens.

Il faut attendre le XVIIe siècle pour que les Européens remplacent les opérations sur abaques par des calculs écrits (9). A l'heure actuelle (10), l'ordinateur effectue très vite des calculs compliqués.

C'est cette longue histoire de l'évolution des comptes que nous allons suivre maintenant…

5

7

6

Des entailles pour compter

20 000 ans avant notre ère, les hommes utilisent déjà des os entaillés sans doute pour compter les phases de la Lune, le gibier abattu et, plus tard, le bétail.

Ils n'ont cependant pas encore la notion de *nombre* * au sens où nous l'entendons. Ils ignorent, par exemple, la quantité de gibier tué, mais savent la comparer aux résultats d'autres chasses. Il leur suffit de faire correspondre les entailles faites au cours de diverses chasses et de les suivre avec le doigt.

Environ 1 500 ans avant notre ère, on utilise de la même façon, en *Mésopotamie* *, des petits cailloux ou des boulettes de terre sèche. Chaque matin les bergers reçoivent une bourse contenant autant de boulettes qu'ils ont de bêtes à garder. Le soir, il leur suffit d'en retirer une de la bourse chaque fois qu'une bête rentre à l'étable. Quand toutes les bêtes sont rentrées, il ne doit pas rester de boulettes dans la bourse. On a découvert dans les ruines du palais de *Nuzi* *, une bourse contenant quarante-huit boulettes. Sur la bourse, était inscrite la liste de quarante-huit bêtes d'un troupeau.

▼ *Un homme préhistorique fait une entaille sur un os chaque fois que l'un des chasseurs lui désigne avec un pic un des animaux tués. Il fera autant d'entailles que de bêtes.*

En France, jusqu'au début du XXe siècle, les entailles sont couramment utilisées dans les boulangeries de campagne pour la vente du pain à crédit. A chaque achat de pain, le boulanger pratique une entaille sur les deux moitiés d'un morceau de bois s'adaptant exactement l'une dans l'autre. Le boulanger garde une moitié, le client l'autre. Aucun des deux ne peut ajouter ni effacer une entaille. A la fin de chaque mois, le client vient régler la dette en présentant sa taille. On voit que le rôle des entailles est bien différent de celui que connaissaient les hommes préhistoriques.

Au XVIIIe siècle, on utilise la pratique des entailles en Russie pour les prêts d'argent. On en trouve trace également en *Indochine* * pour conclure des marchés. Ce système sert encore en Angleterre, jusqu'au début du XIXe siècle, pour le paiement des impôts : la profondeur des entailles indique l'importance des sommes dues. C'est la simplicité de ce système et sa fiabilité qui expliquent son utilisation jusqu'à une période récente. En effet, il est impossible de frauder puisque chacune des deux parties possède une moitié de la preuve du contrat.

▲ *Chaque jour un prisonnier grave un trait. Il les groupe par sept pour faciliter le compte.*

▼ *Une femme a présenté sa* taille* *au boulanger qui, après avoir pris l'autre moitié, les emboîte et fait une marque sur les deux morceaux pour l'achat d'un pain.*

Le corps pour représenter un nombre

▼ *Des aides-comptables*

En Amérique centrale au Ve siècle, ce comptable maya* *dénombre des guerriers. Pour cela il utilise trois aides. Quand le premier guerrier passe devant la lance fichée en terre, le comptable désigne le pouce de la main droite du premier aide, puis l'index, le majeur, etc. Ensuite, il passe à la main gauche, en commençant par l'auriculaire, et ce jusqu'au pouce de la main gauche du premier aide. Puis il désignera le petit orteil du pied droit du premier aide, et ainsi de suite jusqu'au petit orteil du pied gauche du premier aide. Si le nombre dépasse soixante, le comptable fera appel à d'autres aides.*

Les hommes utilisant les différents parties du corps pour compter n'ont pas, au départ, la possibilité de compter mentalement. Comme l'homme préhistorique se servant d'entailles, ils s'assurent que deux ensembles ont le même nombre d'éléments en les faisant correspondre terme à terme. Les doigts ou les différentes parties du corps servent de repères fixes. Par exemple, pour avoir cinq éléments, il faudra toujours atteindre la même partie du corps. Il est probable que le geste désignant cette partie du corps a précédé la nomination du nombre.

En Papouasie, dans l'île de la Nouvelle-Guinée, et au Paraguay, en Amérique du Nord, les indigènes peignent des repères de couleurs sur leur corps pour retenir une date précise ou une quantité. Ainsi, les noms des nombres tirent souvent leur origine des différentes parties du corps : huit se dit épaule, etc.

Une fois que le nom du nombre a été conçu et accepté par la collectivité, il ne devient plus nécessaire de montrer les différentes parties du corps auxquelles le nombre se rattache. Les mots remplacent peu à peu les modèles concrets de départ, et le nom des nombres se transforme lentement.

Certains chercheurs pensent que les mots français désignant les dix premiers *entiers naturels** tirent leur origine de noms relatifs à des parties du corps, sans pouvoir le vérifier cependant.

Compter sur ses doigts

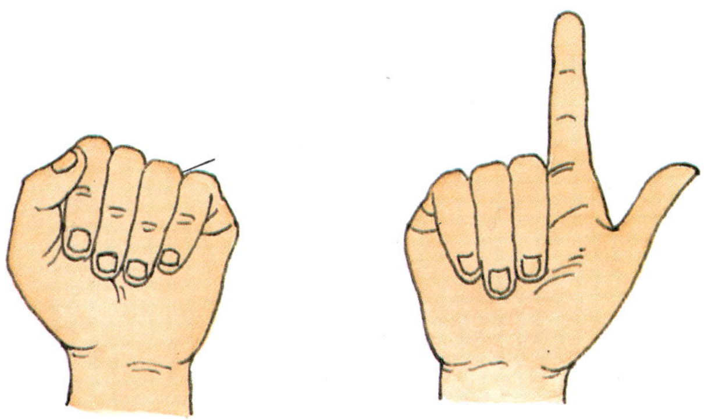

Les systèmes de comptage manuel sont très anciens. Celui-ci utilise les deux mains et ce sont les doigts repliés qui indiquent le nombre. Avec ce système quel nombre est représenté ici ?

Réponse : c'est le nombre huit.

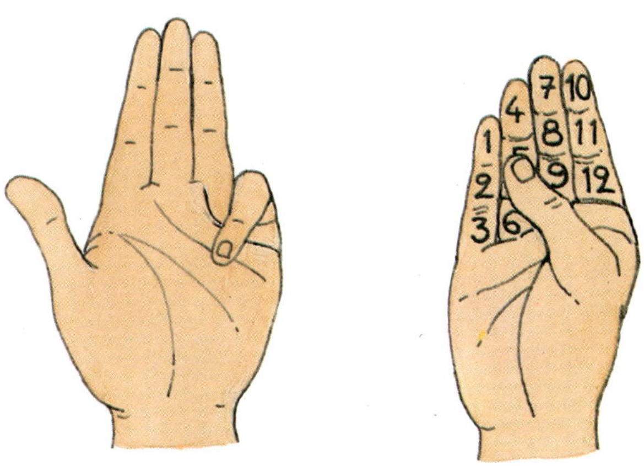

Ce système encore employé en Irak, Inde et Turquie, utilise les deux mains. La main droite sert à compter les unités jusqu'à douze. Le pouce désigne les phalanges en commençant par la première de l'auriculaire et ce jusqu'à la dernière de l'index. La main gauche compte les douzaines en pliant les doigts. On commence par l'auriculaire. Quel nombre est représenté ici ?

Réponse : dix-sept.

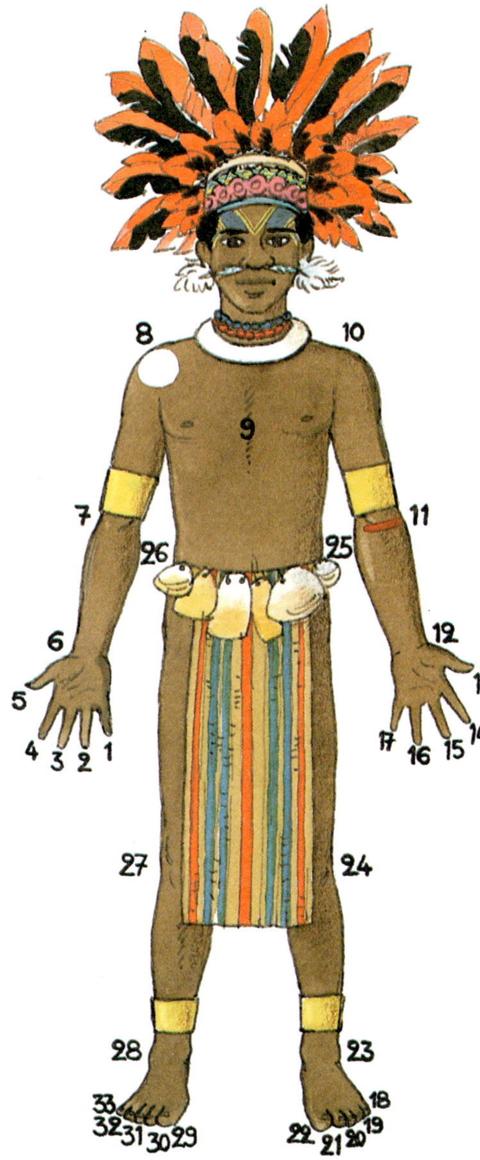

▲ *Un agenda humain*

Pour retenir le jour précis d'une cérémonie qui se déroulera dans huit lunes et onze jours, un Papou, en Nouvelle-Guinée, a fait deux marques colorées sur son corps : l'une, un point blanc à l'épaule droite, indique le nombre de lunes (la huitième) ; l'autre, un trait rouge au coude, précise le jour de cette lune (le onzième). Pour retrouver cette date le chef de la tribu sera chargé de tenir les comptes. Il utilisera un os taillé de trente encoches servant à dénombrer les jours d'une lune. Chaque jour il nouera une cordelette sur une encoche, soit vingt-neuf soit trente fois (les mois lunaires ont tantôt 29 jours tantôt 30). A la fin du mois il dénouera tout, et marquera à chaque lune un point rouge sur son corps. Il recommencera ainsi jusqu'à atteindre le huitième mois. Là il peindra chaque jour un trait sur son corps jusqu'à la date fixée.

Calculer plus vite

Les hommes ont toujours tenté de faire des calculs d'une façon plus rapide et plus sûre. Le premier instrument pour calculer est naturellement la main. Puis, on utilise des *abaques,* d'abord de simples lignes tracées dans le sable, sur lesquelles on place des cailloux pour représenter les nombres (caillou en latin se dit *calculus*). Le *boulier,* inventé en Chine 2 000 ou 3 000 ans avant notre ère, est une forme plus élaborée de l'abaque. Viennent ensuite les calculs écrits.

Au XVIIe siècle, le mathématicien français Blaise PASCAL a l'idée d'une machine mécanique capable d'effectuer les opérations d'addition et de soustraction à l'aide de mouvements de roues dentées. Malheureusement, en avance sur son époque, cette machine à calculer n'est alors qu'un objet de curiosité. En effet, son prix reste très élevé et sa fabrication très problématique : un seul ouvrier, à Rouen, sait la construire et encore lui faut-il la présence de Pascal. De plus, il est impossible d'obtenir des pièces de rechange.

Il y a encore très peu d'années, les machines à calculer mécaniques n'étaient que des perfectionnements de celle de Pascal et utilisaient les mêmes principes. Avec l'utilisation de l'électricité, puis de l'électronique, les calculatrices sont de plus en plus miniaturisées et de plus en plus performantes.

▼ *Multiplications avec les mains*

Ce procédé est très ancien, mais on en trouve trace encore de nos jours en Iran, Irak, Inde et en Afrique du Nord.
On multiplie ainsi facilement des nombres de 5 à 10 et de 10 à 15 en ne connaissant que les tables de multiplication des nombres de 1 à 5 et en sachant également multiplier par 10.

Multiplier 8 par 6

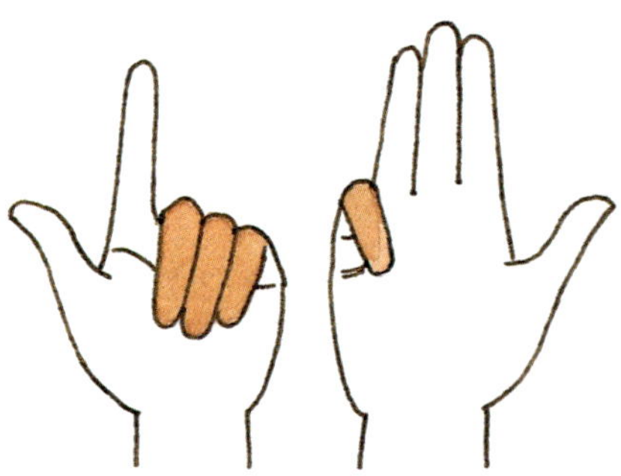

8 − 5 = 3   6 − 5 = 1
On replie 8-5 doigts d'une main (ici la gauche) et 6-5 doigts de l'autre main.

(3 + 1) × 10 = 40
On multiplie ensuite par 10 la somme des doigts repliés (ici 3 + 1).

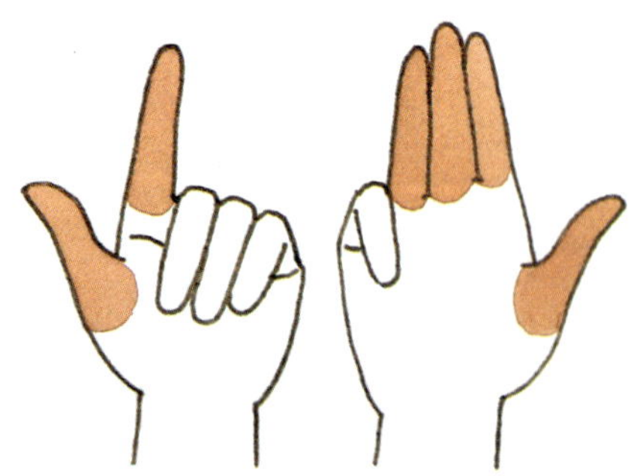

2 × 4 = 8; 40 + 8 = 48
On ajoute le résultat trouvé (40) au produit du nombre de doigts relevés (ici 2 × 4).

Multiplier 14 par 12

14 − 10 = 4;   12 − 10 = 2
Replier 14-10 doigts d'une main, et 12-10 doigts de l'autre main.

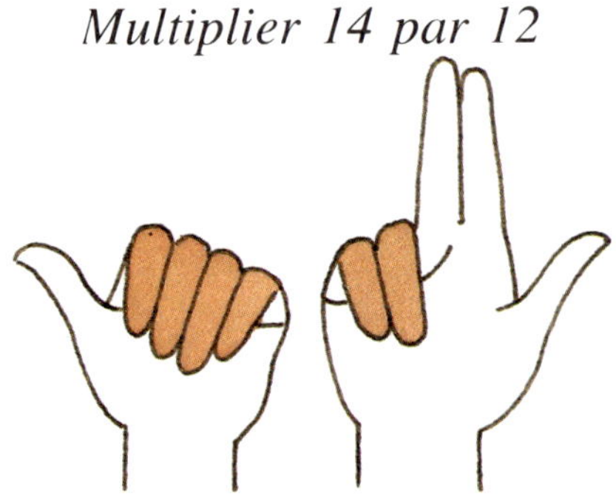

(4 + 2) × 10 = 60
On multiplie par 10 la somme des doigts pliés (ici 4 + 2).

4 × 2 = 8 ; 60 + 8 + 100 = 168
On ajoute le résultat trouvé (60) au produit du nombre de doigts pliés (4 × 2), et on ajoute 100.

▼ *Calculer avec des cailloux*

L'un des instruments de calcul les plus anciens est l' abaque*. *Les premiers abaques étaient de simples lignes tracées sur le sol. On utilisait des cailloux pour représenter les nombres. Ces cailloux permettent de faire des calculs rapidement et de façon concrète.* Calculus *(au pluriel* calculi*) est le nom latin de caillou qui a donné notre mot calcul.*
La multiplication écrite, dite multiplication arabe, est la phase évoluée de ce mode de calcul. On est passé du calcul sur abaque au calcul écrit.

C'est pour aider son père dans ses calculs que Blaise Pascal, *âgé alors de dix-neuf ans, invente en 1642 cette machine d'arithmétique mécanique. La première comporte six chiffres et les suivantes huit. Un système de roues dentées permet d'actionner les chiffres et de faire les calculs.*

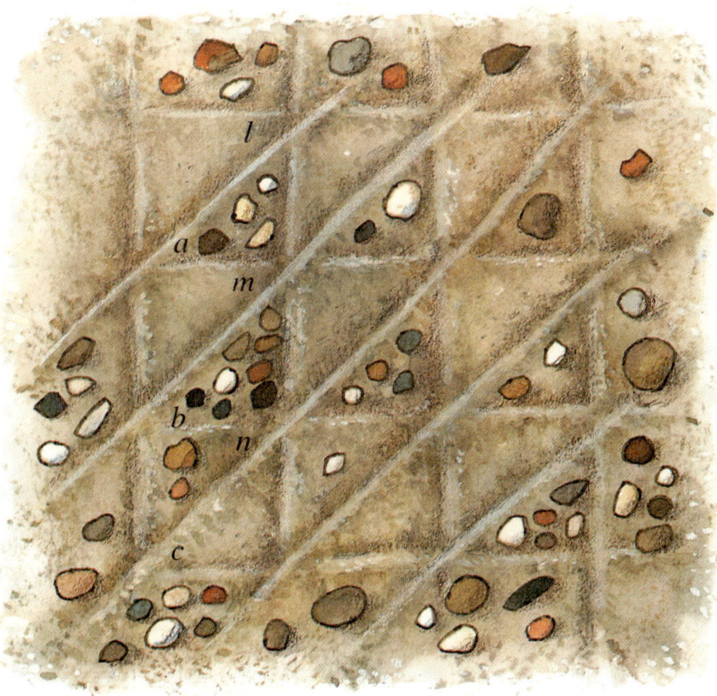

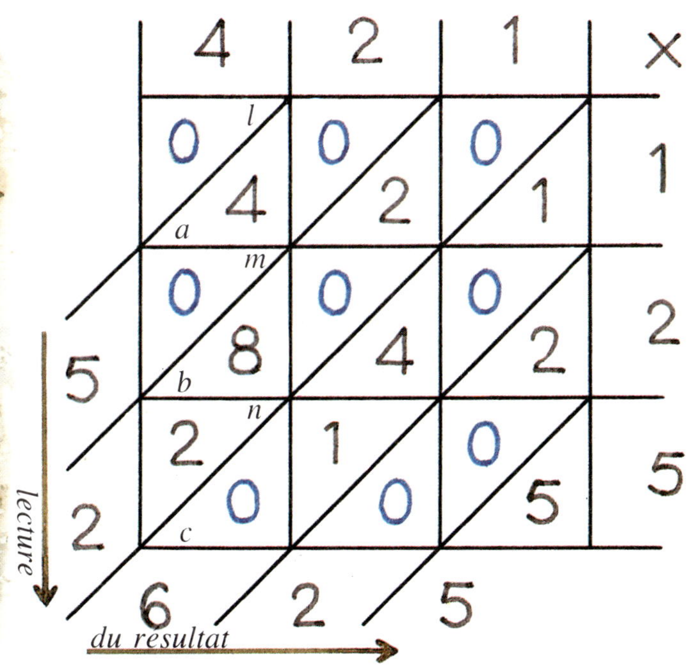

Multiplier 421 par 125 sur un abaque

*Pour représenter 421, on dispose sur la rangée du haut quatre cailloux, puis deux, puis un. Pour représenter 125, on place sur le côté droit, du haut en bas, un caillou, puis deux, puis cinq. Chaque case est divisée en deux par une diagonale. Dans chaque case, on dispose un nombre de cailloux égal au produit des nombres correspondant à cette case, le chiffre des unités de ce produit dans la partie inférieure de la case (*a, b, c, *etc.), et le chiffre des dizaines dans la partie supérieure (*l, m, n, *etc.) : quatre cailloux dans* a *et zéro dans* l *(4 × 1 = 4) ; ...zéro caillou dans* c *et deux dans* n *(4 × 5 =20), etc. On effectue ensuite la somme des cailloux, en diagonale, de droite à gauche, en tenant compte des retenues : 5 ; 2 + 0 + 0 = 2 ; 1 + 0 + 4 + 1 + 0 = 6 ; 0 + 2 + 0 + 8 + 2 = 12 (2 cailloux et je retiens 1) ; retenue 1 plus 0 + 4 + 0 = 5 ; 0. Le résultat se lit en partant de la gauche : 52 625.*

Les chiffres cunéiformes

Près du golfe Persique, à partir de 3500 avant notre ère, les comptables de *Sumer* * et d'*Élam* * utilisent des boulettes d'argile, les *calculi* *, pour enregistrer livraisons et échanges. Ces boulettes sont enfermées dans des sachets d'argile clos et authentifiés à l'aide d'un sceau. Plus tard, le nombre de ces boulettes est inscrit, d'abord sur le sachet lui-même, puis sur des tablettes d'argile.

L'écriture des chiffres*, tracés à l'aide de stylets en roseau, les *calames,* devient peu à peu régulière et plus précise : c'est l'écriture *cunéiforme* (en forme de coin). La facilité du procédé en explique l'usage. Sur une face, la tablette porte l'énumération des denrées, et au verso, les différents totaux. Ce sont de véritables bordereaux que les archéologues décodent facilement.

Le principe de numération* est simple. Pour avoir la valeur d'un nombre, on fait la somme de la valeur de chaque signe formant le nombre : c'est une *numération additive.* Les neuf premiers entiers* sont obtenus par répétition du symbole de un (voir l'encadré ci-dessous). Pour dix, il existe un symbole particulier. De dix à cinquante-neuf, on répète les symboles de un et de dix, mais soixante s'écrit à l'aide d'un symbole particulier.

Cette méthode peut entraîner des confusions de lecture. En effet, si un scribe* écrit les symboles de dix et de soixante trop près l'un de l'autre, on lit six cents et non pas soixante-dix.

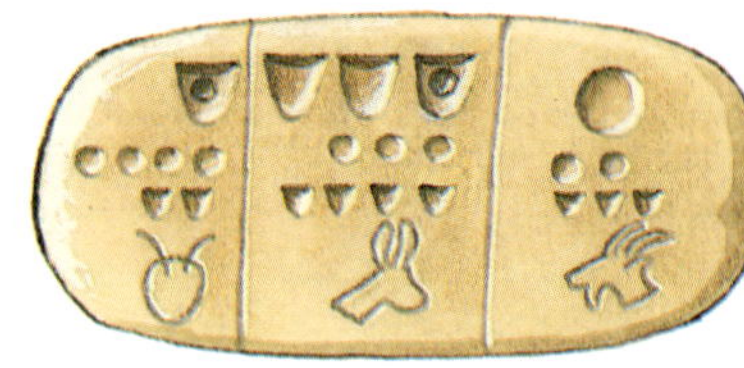

▲ *Combien y a-t-il de têtes de bétail inscrites sur cette tablette d'argile (Sumer, 2600 avant notre ère) ?*

Réponse : 642 bœufs + 754 ânes + 3 623 chèvres = 5 019 têtes.

▼ *Deux astronomes babyloniens notent leurs observations du ciel.* Polos *(cadran solaire sur fond sphérique) et* clepsydre *(grand récipient de pierre où l'eau s'écoule à un rythme calculé) permettent de repérer le temps.*

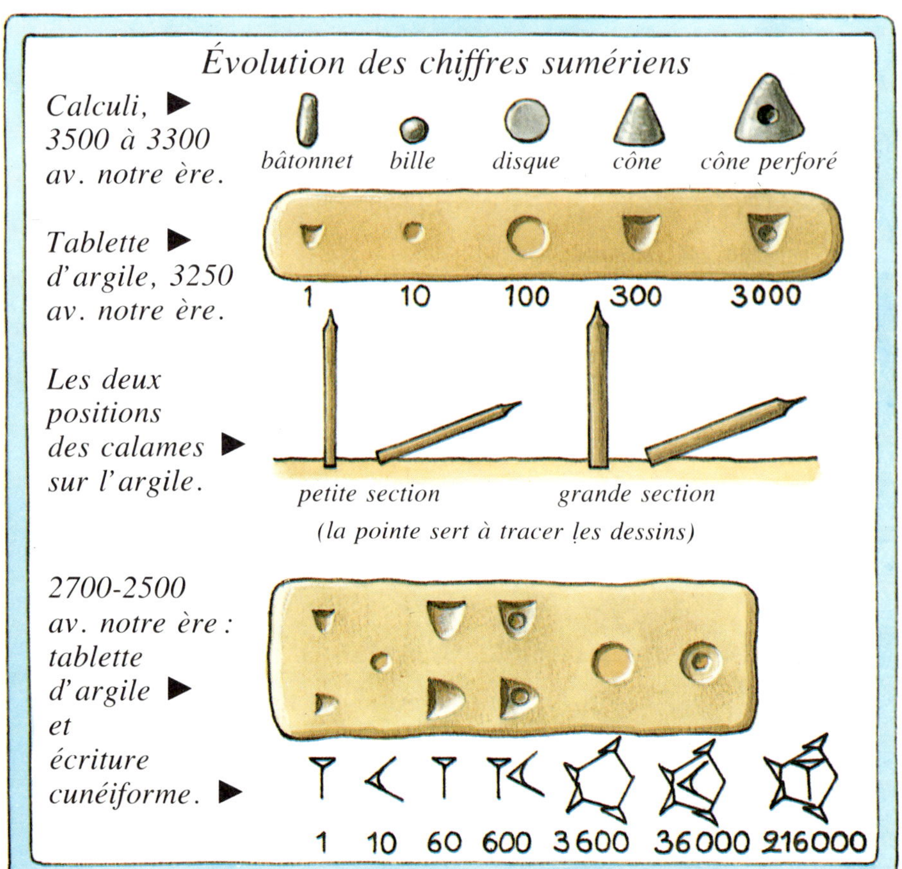

Dès le début du deuxième millénaire avant notre ère, les mathématiciens et les astronomes de *Babylone* * sont les premiers à utiliser une *numération de position*. La numération additive sumérienne de base soixante, connue jusqu'alors, est en effet peu commode. L'écriture des nombres y est trop encombrante. Les traités scientifiques exigent un autre système.

La numération babylonienne ne comprend que deux chiffres : un et dix. Jusqu'à cinquante-neuf on juxtapose ces signes pour obtenir les différents nombres et on additionne leur valeur (voir l'encadré ci-contre). A partir de soixante, c'est la position des chiffres qui indique la valeur du nombre, comme dans notre propre système. La première colonne correspond aux unités, la deuxième aux soixantaines, la troisième au rang des 60 × 60, la quatrième au rang des 60 × 60 × 60, etc. Pour éviter les confusions de lecture les savants utilisent des signes de séparation entre les colonnes. Ils doivent également résoudre le problème des *places vides :* pour différencier un de soixante il faut indiquer qu'une case est vide. Laisser un blanc n'est pas très lisible, mais quand il y a deux colonnes vides, seul le contexte permet de comprendre. A partir du IVe siècle avant notre ère, pour lever les ambiguïtés, on utilise un signe qui est le plus vieux *zéro* de l'humanité. Ce zéro n'est en réalité pas conçu comme un nombre : il indique seulement qu'une colonne est vide.

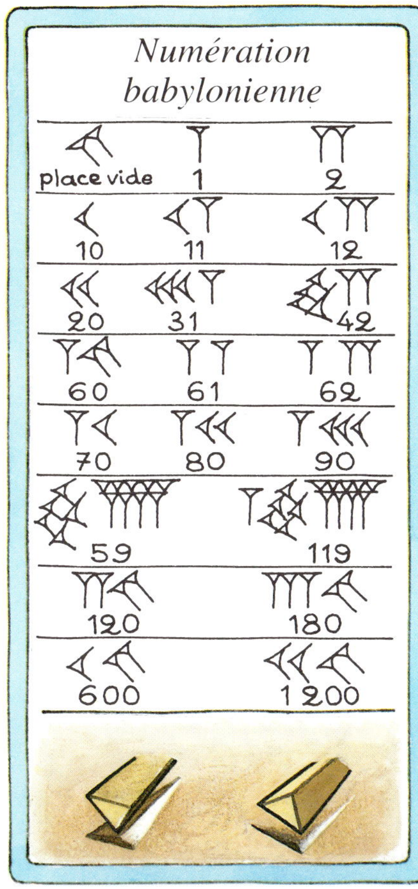

Table de multiplication par 25 (Babylone). ▶

Les chiffres hiéroglyphes

L'écriture hiéroglyphique égyptienne est née peu de temps après l'écriture sumérienne. Elle en est cependant totalement indépendante. Ses procédés sont différents. Les *hiéroglyphes* représentent d'abord des choses elles-mêmes, puis plus tard des sons. Les Égyptiens gravent ou sculptent leurs hiéroglyphes sur des monuments de pierre. Ils les tracent également sur des poteries ou des feuilles de *papyrus,* plante qui pousse sur les bords du Nil, à l'aide de roseaux taillés trempés dans du colorant.

Le système des Égyptiens pour la notation des nombres fait partie de cette écriture. Ils peuvent ainsi représenter les nombres entiers* dépassant le million. Leur système est *additif* et de *base* * *dix.* Ils possèdent un symbole spécial pour 1, 10, 100, 1 000, 100 000, 1 000 000, comme le montre l'encadré de la page ci-contre. Ces signes sont souvent figuratifs. Par exemple, 1 000 est une fleur de lotus, 10 000 un doigt légèrement incliné, 100 000 un têtard, 1 000 000 un génie agenouillé.

Pour écrire un nombre, on commence par les chiffres correspondant à la plus grande puissance de dix. On juxtapose ainsi tous les symboles qui, par addition, donnent le nombre voulu. La lecture peut se faire de gauche à droite, de droite à gauche et de bas en haut ou de haut en bas. Le sens de lecture est donné par l'orientation de la tête du têtard, de celle du génie ou par l'inclinaison du doigt toujours tournés vers le début de la ligne.

Ce système de notation, bien que très simple, présente un inconvénient : une écriture encombrante, cause de nombreuses erreurs commises par les scribes* de l'époque. De plus, on ne peut comparer deux nombres par la longueur de leur écriture, comme le permet notre système actuel. Pour nous un nombre de vingt chiffres a une valeur plus grande qu'un nombre de dix. Dans le système égyptien, ce n'est pas le cas. Deux millions, par exemple, y est représenté par deux chiffres, tandis que quinze en utilisera six.

Comme dans toutes les numérations additives, la présence d'un *zéro* n'est pas nécessaire.

Le système de numération utilisé par les Égyptiens correspond parfaitement à leurs besoins. Il ne sert qu'à écrire des nombres et non à faire des calculs. Pour ces derniers, ils emploient des cailloux et en notent les résultats lorsque c'est nécessaire.

Numération égyptienne

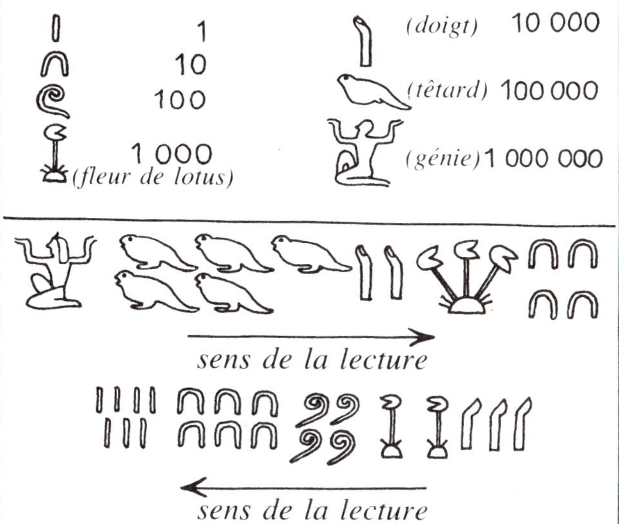

Pour connaître la valeur d'un nombre il suffit d'additionner la valeur de chacun des symboles le composant.
Trouve la valeur des nombres ci-dessus.

Réponse : 1 523 040 et 32 467

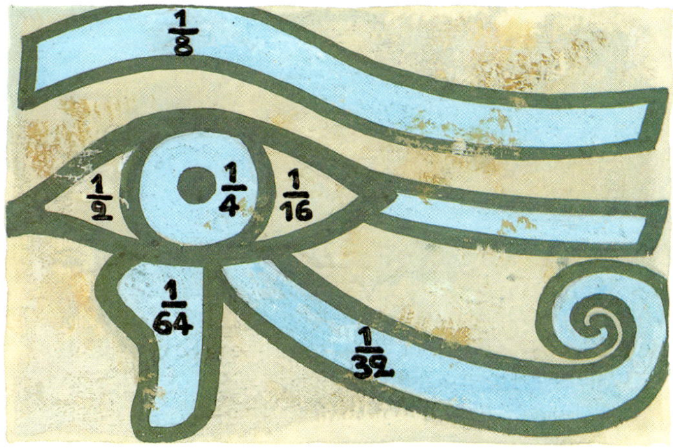

▲ *Pour mesurer les capacités (céréales, fruits, liquides), les Égyptiens utilisent le* héqat *(valant 4,785 l environ) dont ils notent les fractions en utilisant les parties de l'œil fardé du dieu faucon Horus.*

▼ *Une fillette découvre des bas reliefs vieux de 5 000 ans. Combien de bateaux, de bœufs, et de chèvres y sont gravés ?*

Réponse : 376 bateaux, 243 320 bœufs, 1 331 250 chèvres.

Des lettres et des chiffres : les Grecs et les Juifs

Numérations grecque et hébraïque

Grec (IVe s. av. J.-C.)			Hébreu (Ier s. av. J.-C.)		
Α	α	*alpha*	1	א	*alef*
Β	β	*bêta*	2	ב	*bét*
Γ	γ	*gamma*	3	ג	*guimel*
Δ	δ	*delta*	4	ד	*dalét*
Ε	ε	*epsilon*	5	ה	*hé*
Ϛ	ϛ	*digamma*	6	ו	*vav*
Ζ	ζ	*dzêta*	7	ז	*zayin*
Η	η	*êta*	8	ח	*hét*
Θ	θ	*thêta*	9	ט	*tét*
Ι	ι	*iota*	10	י	*yod*
Κ	κ	*kappa*	20	כ	*kaf*
Λ	λ	*lambda*	30	ל	*lamed*
Μ	μ	*mu*	40	מ	*mém*
Ν	ν	*nu*	50	נ	*noun*
Ξ	ξ	*ksi*	60	ס	*samekh*
Ο	ο	*omicron*	70	ע	*ayin*
Π	π	*pi*	80	פ	*pé*
Ϙ	ϙ	*koppa*	90	צ	*tsadé*
Ρ	ρ	*rô*	100	ק	*gof*
Σ	σ	*sigma*	200	ר	*resh*
Τ	τ	*tau*	300	ש	*shin*
Υ	υ	*upsilon*	400	ת	*tav*
Φ	φ	*phi*	500	תק ou ך	
Χ	χ	*khi*	600	תר ou ם	
Ψ	ψ	*psi*	700	תש ou ן	
Ω	ω	*oméga*	800	תת ou ף	
Ϡ	ϡ	*san*	900	תתק ou ץ	
͵Α		1 000	1000	א̈	
͵Β		2 000 etc.	2 000 etc.	ב̈	
$\overset{\alpha}{\mathrm{M}}$		10 000			
$\overset{\beta}{\mathrm{M}}$		20 000 etc.			
$\overset{\iota\alpha}{\mathrm{M}}$		110 000			
$\overset{\iota\beta}{\mathrm{M}}$		120 000 etc.			

Voici le nombre 869 en hébreu, puis en grec :

תתס"ט
9 60 400 400

ΩΞΘ
800 60 9

Si l'origine de l'alphabet grec est bien *phénicienne** (deuxième millénaire avant notre ère), il n'en est pas de même de l'emploi des lettres comme chiffres. De plus, c'est aux Grecs que nous devons la notation précise des voyelles qui n'existe pas dans les langues *sémites**. Les Phéniciens utilisent un système de numération emprunté aux *Araméens** et totalement différent du système grec. Au Ve siècle avant notre ère, les Juifs font de même.

C'est seulement vers le IVe siècle avant notre ère que les Grecs utilisent, les premiers, toutes les lettres de leur alphabet comme chiffres. Grands marchands, les Grecs comme les Juifs se rencontrent souvent, ce qui facilitent les échanges culturels et commerciaux.

◄ *Équivalence des alphabets grec et hébreu avec les nombres*
Dans les deux cas le principe de numération est le même. C'est une numération additive : *pour connaître les nombres intermédiaires, il suffit d'additionner les valeurs des lettres représentant le nombre. Il y a plus de caractères que dans le système égyptien et la mémorisation en est plus compliquée.*

Au Ier siècle avant notre ère les Juifs, sous l'influence des Grecs de l'époque hellénistique, adoptent ce système en prenant les lettres de leur propre alphabet hébreu comme chiffres (lecture de droite à gauche). Il est fort probable que la plupart des commerçants juifs connaissent les deux systèmes de numération et leur correspondance ainsi que leur sens de lecture, ce qui permet des échanges commerciaux.

De l'Antiquité à la fin du Moyen Âge, la numération grecque alphabétique occupe, au Proche-Orient et en Méditerranée orientale une place similaire à celle du système romain en Europe occidentale à la même époque. En effet, avant d'adopter le système indien (voir page 26), les Arabes utilisent une numération alphabétique semblable à celle des Grecs, mais où les lettres arabes remplacent celles de l'alphabet grec.

A l'heure actuelle, pour indiquer les dates du calendrier israélite, pour numéroter les paragraphes et les versets de l'Ancien Testament ainsi que les pages de certains ouvrages écrits en hébreu, les Juifs utilisent encore un système de notation où les lettres jouent le rôle de chiffres.

▼ *Vers 50 avant notre ère, dans un port de Palestine, un commerçant grec (à droite) débarque des produits venus de divers pays de l'empire romain : céramiques gauloises, bois, métal d'Espagne, laine d'Afrique. Il les propose à un négociant juif vendeur de dattes, d'huile, de blé et de miel. Ils ne parlent pas la même langue, mais utilisent le même principe de numération (lettres chiffres). Le Juif, connaissant l'alphabet grec et son sens de lecture, est capable de comprendre le prix des marchandises inscrit par le Grec sur sa tablette de cire.*

Les Romains

L'origine des chiffres *étrusques* * et romains semblent remonter à la pratique de l'entaille. On en trouve trace dans de nombreuses tailles très anciennes provenant du monde entier. On constate toujours la présence d'entailles particulières pour 1, 5, et 10, ce qui semble avoir donné naissance aux chiffres romains.

Cependant les Romains n'utilisent pas tout à fait les mêmes symboles que ceux que nous connaissons actuellement (voir l'encadré ci-dessous). 50, 100, 500, et 1 000 se sont peu à peu transformés pour devenir ceux que nous utilisons maintenant. La notation soustractive pour 4 (IV = 5 − 1), 9 (IX = 10 − 1), 40 (XL = 50 − 10) n'apparaît de façon systématique qu'au Moyen Âge. Les Romains ne l'utilisent pratiquement jamais sur les inscriptions des monuments. De plus, le principe soustractif n'est pas aussi strict que maintenant : on peut retrancher 2 à 10 pour écrire 8 (IIX), 20 à 100 pour écrire 80 (XXC), etc.

Les chiffres romains sont conçus essentiellement en vue de l'écriture des nombres, et non du calcul.

L'écriture des nombres relève du principe d'*addition*. Pour lire un nombre, il suffit d'ajouter la valeur de chacun des signes juxtaposés, ou dans certains cas de la retrancher. Le symbole *zéro* n'est donc pas nécessaire. Mais cette notation est très peu commode du fait de son encombrement.

▲ *Sur ces très anciennes tailles de berger, on observe des signes particuliers 5 (Λ) et 10 (X).*

▲ *Sur ces pièces étrusques * et romaines, on voit différentes manières d'écrire 5 (Λ) et 50 (Ψ).*

Numération romaine

I	1	L	50
V	5	C	100
X	10	D	500
		M	1 000

$\overline{V}$ (5x1000) $\overline{M}$ (1000x1000)

$\overline{|XV|}$ (15x100 000)

Un chiffre de valeur inférieure à V, X, L, C, M et placé à gauche de ces nombres, se retranche du précédent (IV = 4 ; IX = 9 ; XL = 40). Placé à droite il s'ajoute (VI = 6 ; XI = 11 ; LX = 60).

◄ *Ces pierres indiquent toutes 1650 en utilisant différentes écritures pour 1 000, 500, 100 et 50. Ces formes ont coexisté et finalement les deux du haut ont disparu pour faire place à celle du bas.*

▼ *Le maître dicte à son comptable le nombre de* culei *de vin de sa récolte (1* culeus *=* *5,36 hectolitres ; ici 175* culei *= 938 hl) et le prix du culeus (ici 300* sesterces**). Le comptable est en train d'effectuer la multiplication à l'aide d'un* abaque**. Les colonnes sont tracées dans du sable et le calculateur utilise des cailloux de la même façon qu'avec un abaque portatif. La pratique de l'addition et de la soustraction est relativement aisée. Les multiplications sont nettement plus compliquées. Quant aux divisions, le résultat ne peut pas toujours être fourni dans la journée !*

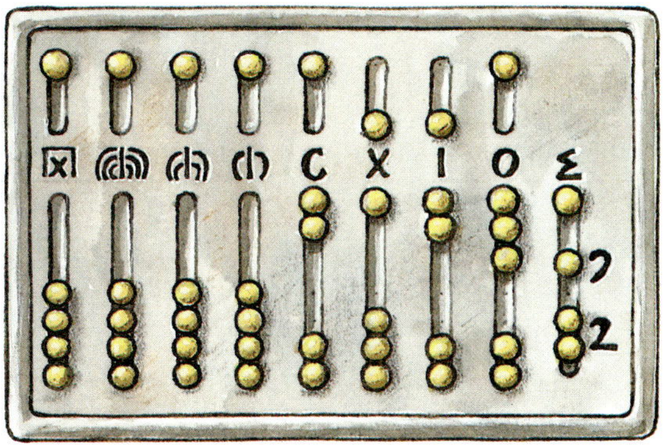

▲ *Une calculatrice de poche*
Ce petit abaque* *métallique est l'une des premières « calculatrices de poche ». Chacune de ces rainures correspond de droite à gauche aux unités, dizaines, centaines, etc., sauf les deux premières à droite qui servent pour les fractions de l'unité (arithmétique, monétaire ou de poids). Chaque bouton situé au-dessus des inscriptions vaut 5 et ceux situés en dessous valent 1.*

Les numérations précolombiennes

Le système de numération *maya* * est conçu pour répondre aux besoins des prêtres et des savants qui étudient principalement l'astronomie et tiennent des comptes précis du temps. En fait, leur rôle est essentiellement l'interprétation des pouvoirs magiques attribués à l'Univers. Malgré des instruments rudimentaires, les Mayas sont capables d'observations très précises. Pour repérer le temps, ils n'ont qu'un *gnomon* *, ancêtre des cadrans solaires. Ils créent cependant des calendriers beaucoup plus précis que notre actuel calendrier grégorien. Ils prévoient même les éclipses solaires avec une exactitude certaine.

Les Mayas disposent de deux calendriers distincts : l'un religieux de 260 jours (13 mois de 20 jours), l'autre civil (calendrier solaire) de 365 jours (18 mois de 20 jours, et 5 jours). De plus, sur les inscriptions des stèles en particulier, ils utilisent un troisième calendrier, plus simple, de 360 jours (18 mois de 20 jours). C'est le « compte long ». Le temps en effet se compte en jours, en mois de 20 jours, en années de 18 mois, en périodes de 20 ans, puis de 400 ans, puis de 8 000 ans, etc. Les Mayas créent un système de numération de position adapté à ce comptage long du temps. Les dates sont souvent écrites dans les trois calendriers.

Les Mayas disposent de deux chiffres : un point et un trait (voir l'encadré ci-dessous). Ils procèdent par addition jusqu'à 19. Au-delà, ils utilisent une *numération de position* *, la lecture se faisant de haut en bas. Le premier ordre correspond aux jours (nombre jusqu'à 19), le deuxième ordre aux « mois », le troisième aux « années », le quatrième aux groupes de 400 « ans », le cinquième aux groupes de 8 000 « ans », etc. Si un cran est vide, ils font appel à un signe particulier, véritable *zéro*. L'utilisation de ce système remonte au IIIe siècle de notre ère, comme le prouvent les stèles gravées ou les *codices* (manuscrits faits de fibres végétales pilées et pliées en accordéon) sur lesquels on peignait les dates d'événements religieux ou autre. Ce n'est pas véritablement un système de *base* * *vingt*, car il présente une irrégularité au troisième ordre où l'on trouve le cran 18 (mois) × 20 et non 20 × 20. Cette irrégularité s'explique par l'utilisation, pour les calendriers, de ce système de notation des nombres.

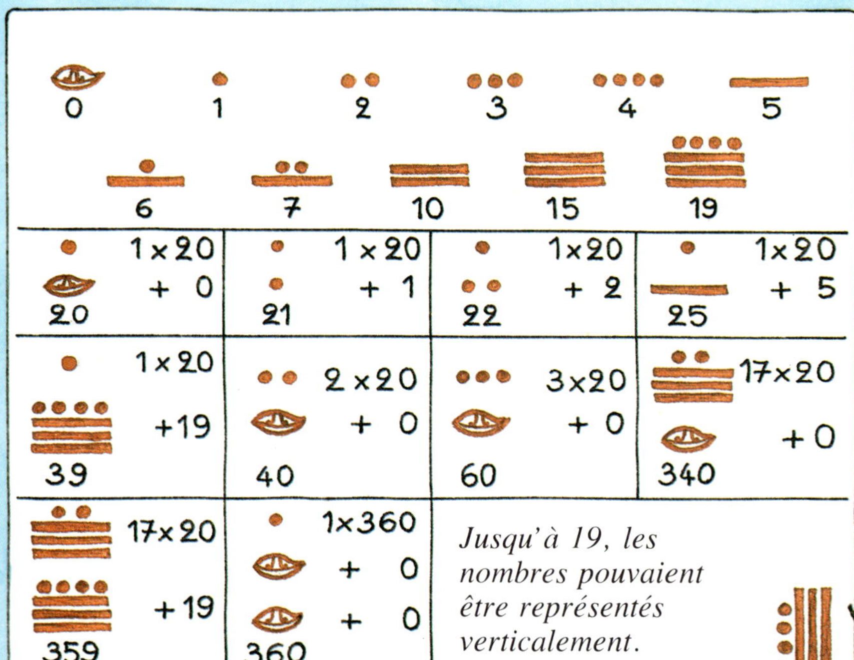

La numération maya

On procède par addition jusqu'à 19. Au-delà, on utilise un système de position*, *la lecture se faisant de haut en bas. On emploie un signe particulier pour un cran vide.*

Un quipu inca

Les Incas utilisent des quipus *pour comptabiliser de nombreuses quantités, représenter des faits religieux ou transmettre des messages. Un quipu consiste en une cordelette principale à laquelle sont attachées des ficelles multicolores, groupées en paquets et nouées de façon différente. Ce quipu fait l'inventaire d'un troupeau. Le comptage se fait en base* dix : les nœuds du bas indiquent les unités, ceux du dessus les dizaines et les derniers les centaines. La ficelle de gauche indique le total.*

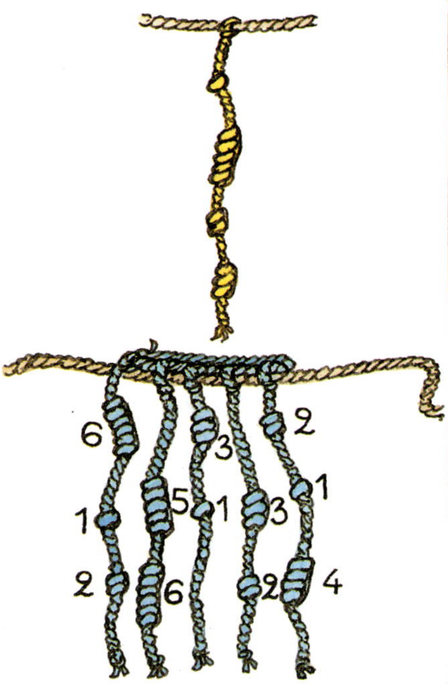

▼ *Tout est soigneusement compté dans l'empire* inca* *: les sujets selon leur âge et leur fonction, les animaux, vivres, épices, tissus, poteries, armes, plumes, etc. Impôts en nature et excédents enregistrés sur les* quipus *sont rangés dans des entrepôts publics.*

Le boulier chinois

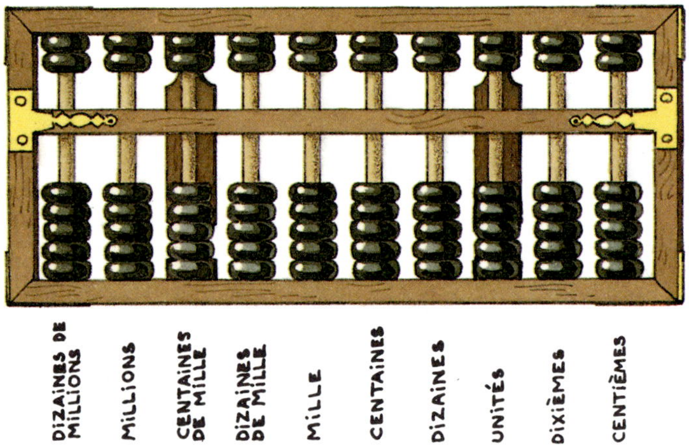

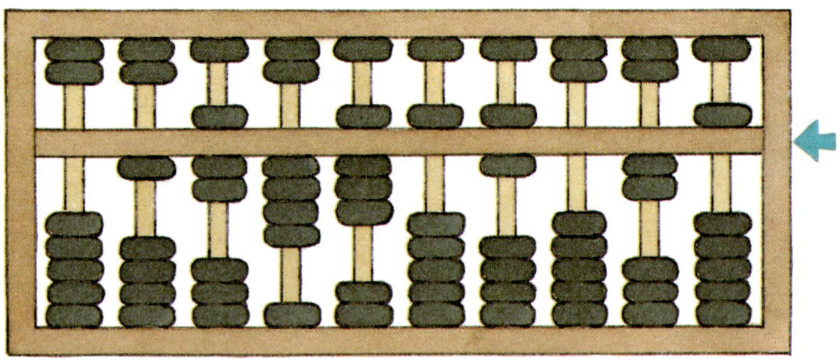

▲ *Représentation de 1 748 560,25.*

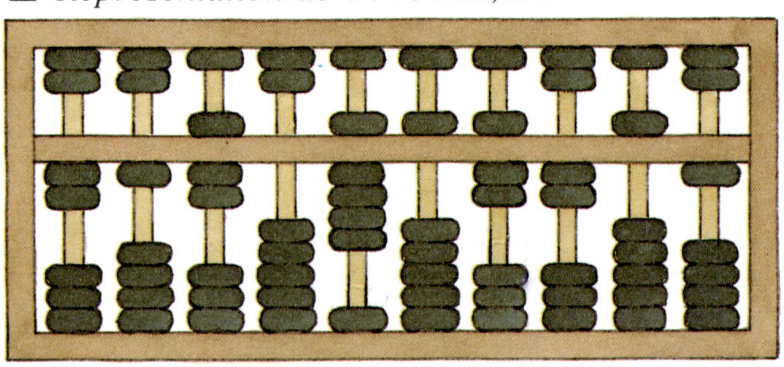

▲ *Quel est le nombre représenté ?*

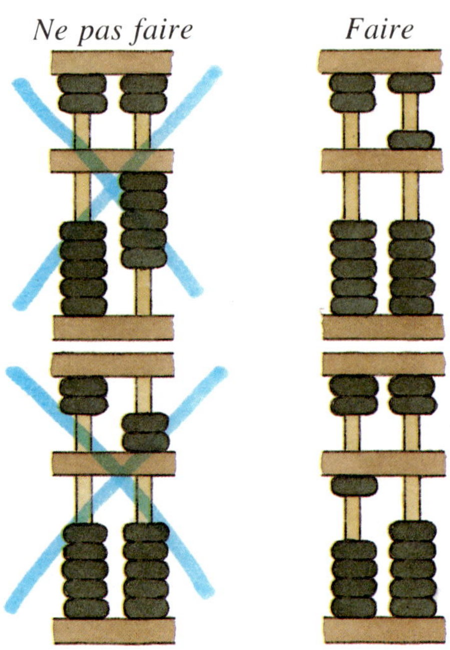

Depuis des siècles, on utilise, en Asie et en Russie, le boulier chinois appelé *souan pan*. Grâce à lui, même les analphabètes peuvent effectuer très vite les quatre opérations. De nos jours, en Chine comme au Japon, le boulier reste le principal instrument de calcul des commerçants, des banquiers, des comptables ou des mathématiciens. C'est un cadre rectangulaire en bois, muni de tiges sur lesquelles coulissent des boules de bois ou de verre légèrement aplaties.

Les boules situées au-dessus de la barre transversale valent 5, celles situées en dessous valent 1. La lecture se fait au niveau de cette barre transversale, indiquée par une flèche sur l'illustration ci-contre. Les tiges peuvent être au nombre de dix ou de douze mais atteignent parfois vingt, trente, soixante ou plus suivant les besoins.

On utilise seulement trois doigts d'une main pour déplacer les boules (voir l'illustration de la page de droite). Le pouce déplace les boules inférieures vers le haut, l'index les déplace vers le bas, le majeur fait bouger les boules supérieures. Les autres doigts sont repliés pour ne pas modifier les déplacements effectués.

La pratique des opérations au boulier demande de l'entraînement pour obtenir la rapidité d'exécution des Asiatiques. Mais une fois l'habitude prise, il est beaucoup plus rapide de faire les calculs au boulier que par écrit. En 1945, un champion japonais du boulier battit, lors d'un match comportant de nombreuses opérations, un Américain utilisant une calculatrice électrique.

Lors des calculs, il faut respecter deux règles de déplacement (voir l'illustration ci-contre) :

— les cinq boules inférieures d'une tige ne peuvent pas être en haut en même temps ;

— les deux boules supérieures d'une tige ne peuvent pas être en bas en même temps.

Par exemple si à 5 on ajoute 7, on ne pourra pas abaisser une boule du haut et en élever deux du bas (l'une des règles ne serait pas respectée). Il faudra alors considérer 7 comme égal à (10 − 3), et de ce fait, élever une boule de la colonne des dizaines, puis enlever 3 à la colonne des unités en élevant la boule du haut des unités et en élevant deux boules du bas de cette même tige. On fera de même pour ajouter 80 à 30, en remplaçant 80 par (100 − 20).

Une addition : 209 + 127

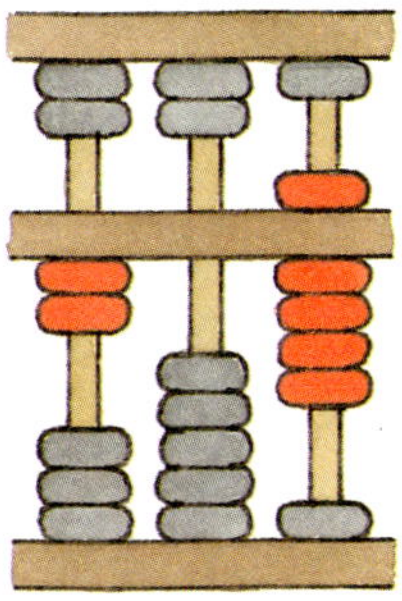

209
On inscrit 209 au boulier. (Les boules bougées sont en rouge.)

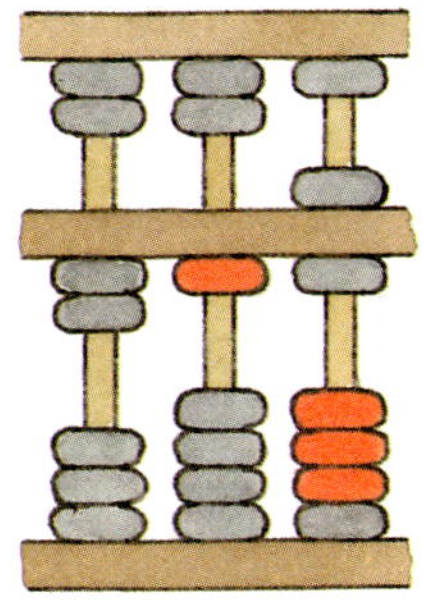

209 + (10 −3)
Puis on ajoute 7 unités : on remplace 7 par 10 − 3 (+ 1 aux dizaines et − 3 aux unités).

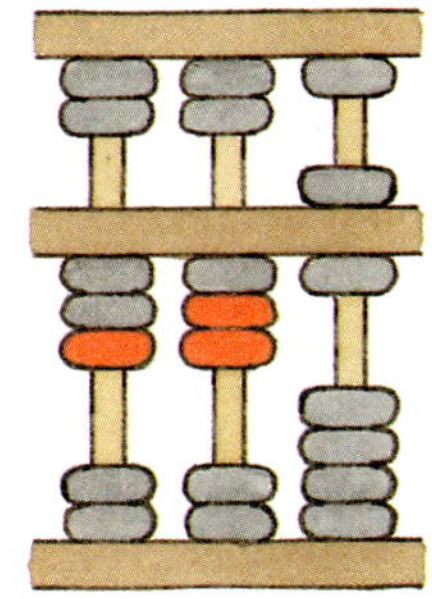

216 + 120
On obtient alors 216. On ajoute ensuite 120 (2 aux dizaines et 1 aux centaines). Résultat 336.

Une soustraction : 350 − 134

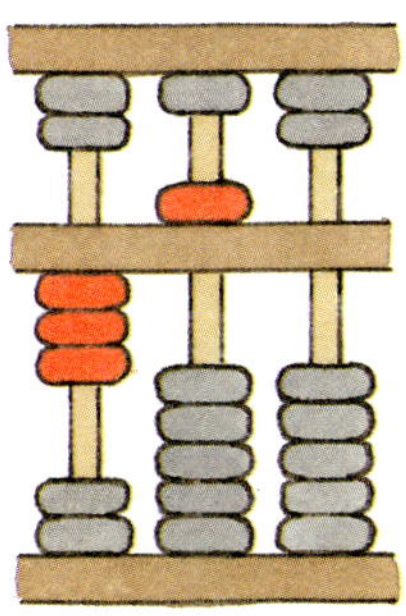

350
On inscrit 350 au boulier. (Les boules bougées sont en rouge.)

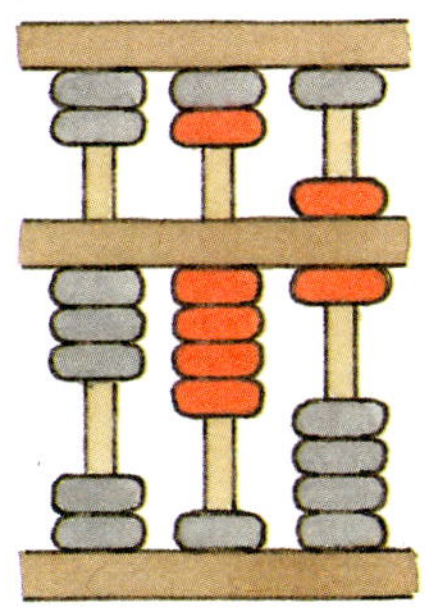

350 − (10 − 6) = 350 − 10 + 6
Puis on enlève 4 unités : on remplace 4 par 10 − 6 (− 1 aux dizaines et + 6 aux unités).

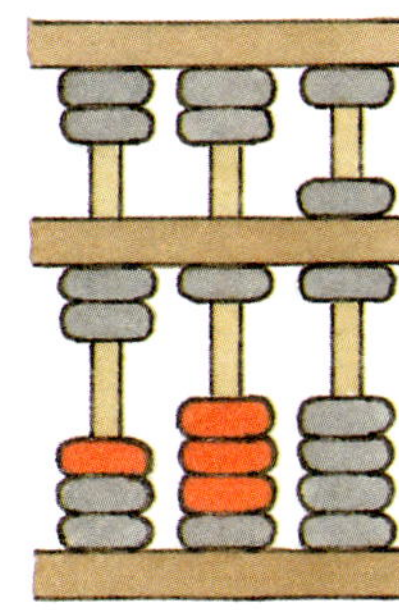

346 − 130
On obtient alors 346. On enlève ensuite 130 (3 aux dizaines et 1 aux centaines). Résultat 216.

◀ *De nos jours, en Chine, le boulier reste le principal instrument de calcul des commerçants. Pour déplacer les boules, on utilise seulement trois doigts d'une main : le pouce déplace les boules inférieures vers le haut, l'index les déplace vers le bas, le majeur fait bouger les boules supérieures.*

La numération indo-arabe

L'invention du jeu d'échecs

Le poète arabe Saadi* *qui vécut à Bagdad* au Moyen Âge raconte la fable suivante. Le roi des Indes, émerveillé par le jeu d'échecs qu'on lui présenta, voulut récompenser son inventeur, Sessa. Il lui demanda ce qu'il souhaitait. Sessa désirait autant de grains de blé qu'il faudrait pour remplir les 64 cases de l'échiquier en mettant 1 grain sur la première case, 2 sur la deuxième, 4 sur la troisième, 8 sur la quatrième, ..., c'est-à-dire en doublant à chaque fois le nombre précédent. Le roi demanda à des savants d'effectuer les calculs. Après plusieurs jours d'effort, les savants apprirent au roi que tous les greniers de la Terre ne pourraient contenir autant de blé. Ce nombre, écrit en bas de cet encadré, représente une telle quantité qu'on remplirait un grenier large de 4 mètres, long de 10 mètres, et haut de deux fois la distance Terre-Soleil. Le roi proposa à Sessa, pour s'acquitter de sa dette, de lui faire compter le blé grain par grain.*

١٨٤٤٦٧٤٤٠٧٣٧٠٩٥٥١٦١٥

18446744073709551615

Pour comprendre l'importance de la découverte de la *numération de position** indienne de *base* dix,* il faut rappeler les systèmes précédents et leurs inconvénients. Les premiers systèmes créés utilisent une *numération additive* :* il existe un signe pour l'unité et un pour chaque puissance de la base. Pour écrire un nombre, on juxtapose ces différents chiffres (systèmes égyptien, sumérien). L'écriture des nombres est alors très encombrante et les opérations écrites difficiles. Viennent ensuite des systèmes mélangeant les principes additif et mutiplicatif. C'est le cas de la numération chinoise courante, datant du IVe siècle de notre ère : un nombre placé devant 10, 100, 1 000 les multiplie. L'écriture est simplifiée, mais les possibilités de calcul ne sont pas améliorées.

Les systèmes numéraux de position améliorent l'écriture des nombres et aplanissent peu à peu les difficultés opératoires. Au deuxième millénaire avant notre ère, les Babyloniens* créent un système de *base soixante* utilisant simultanément un *principe additif et positionnel.* Ils inventent au IVe siècle avant notre ère, le premier *zéro* qui n'est pas encore conçu comme un nombre. Au IIIe siècle de notre ère, les Mayas* fabriquent un *système positionnel* de *base vingt,* avec cependant une irrégularité empêchant leur *zéro* d'être un opérateur. Ainsi, pour multiplier par la base vingt, les Mayas ne peuvent mettre un zéro à la fin du nombre, comme on le fait en base dix quand on multiplie par dix.

Enfin au Ve siècle de notre ère, les Indiens conçoivent un *système positionnel décimal* avec dix chiffres et cette fois un *zéro* véritable opérateur. Ce procédé s'inspire directement de l'ancienne numération orale *sanscrite* * où, pour lire 2 893, on disait trois, neuf, huit, deux, attribuant aux chiffres une valeur suivant la position occupée (lecture de droite à gauche). Le sanscrit avait déjà la notion de zéro exprimé notamment par *« vide »*. C'est un peu plus tard que le zéro est conçu comme un nombre, et non plus seulement comme le marqueur d'une place vide.

La propagation de ce système se fait d'abord chez les Arabes. Indiens et Arabes se rencontrent souvent à Bagdad*, fondée en 772, centre culturel et commercial très actif. Les Arabes qui utilisaient auparavant un système numéral alphabétique d'origine grecque, adoptent rapidement le principe positionnel indien. A Bagdad, ils entrent en contact avec les Grecs et les Syriens. Ils traduisent de nombreuses œuvres mathématiques de la Grèce antique, y ajoutent explications et développements. Ils traduisent également des traités indiens d'astronomie.

Le grand mérite des Arabes est de savoir faire la synthèse et d'améliorer des connaissances indiennes, grecques ou babyloniennes. Ils favorisent ainsi le renouveau scientifique du Moyen Âge en Europe. Ils sont au départ de la propagation dans le monde entier d'une méthode qui s'impose par sa simplicité et son universalité.

Numération indo-arabe

indien 8e-9e s. de notre ère	*arabe oriental moderne*	*européen actuel*
०	٠	0
१	١	1
२	٢	2
३	٣	3
४	۴ ou ٤	4
५	۵ ou ٥	5
६	٦	6
७	٧	7
८	٨	8
९	٩	9

Le voyage des chiffres indo-arabes

Les chiffres arabes sont, de nos jours, utilisés dans le monde entier. C'est un moine, François GERBERT D'AURILLAC* qui est le premier savant à répandre au Xe siècle leur usage en Occident. Leur diffusion se fait ensuite grâce à l'enseignement oral du calcul. On utilise des abaques* nouveaux où Gerbert a l'idée de remplacer les cailloux par des jetons portant le chiffre arabe. L'absence de cailloux équivaut à une colonne vide. Les chiffres de 1 à 9 reçoivent une valeur différente selon la position qu'ils occupent. Le zéro n'est introduit que plus tard. Les utilisateurs orientent souvent à l'envers les jetons, ce qui explique des variations d'écriture (les jetons 2, 3, 8 de l'illustration sont toujours représentés dans le même ordre et dans le même sens). En Orient la transmission s'est faite par les manuscrits.

Actuellement, seuls les *Chinois* ont conservé une numération particulière datant du IVe siècle de notre ère. Ils possèdent treize signes fondamentaux : les nombres de 1 à 9, 10, 100, 1 000, 10 000, écrits dans cet ordre sur le dessin. Pour les nombres intermédiaires, ils utilisent un principe d'addition et de multiplication. Par exemple pour noter 3 523, ils écriront

$$(3 \times 1\,000) + (5 \times 100) + (2 \times 10) + 3.$$

Les signes × et + n'apparaissent pas dans les écritures ce qui donne :

3   1000   5   100   2   10   3

Leur système est très facile à utiliser, car on écrit exactement ce que l'on dit.

Jouons avec les nombres...

Dans les trois jeux qui suivent tu as intérêt à découper les nombres dans du carton et à faire des essais en déplaçant les jetons ainsi obtenus. Rappelle-toi qu'à chaque fois il faut utiliser tous les nombres, mais une seule fois chacun.

Jeu 1

Place les nombres de 1 à 8 sur la marelle suivante de façon à ce que deux nombres consécutifs ne soient jamais reliés par un trait (exemple 4 ne peut être relié ni à 3 ni à 5).

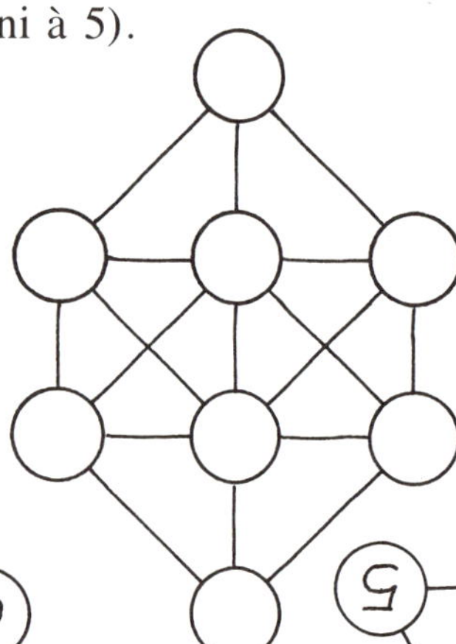

Réponse :

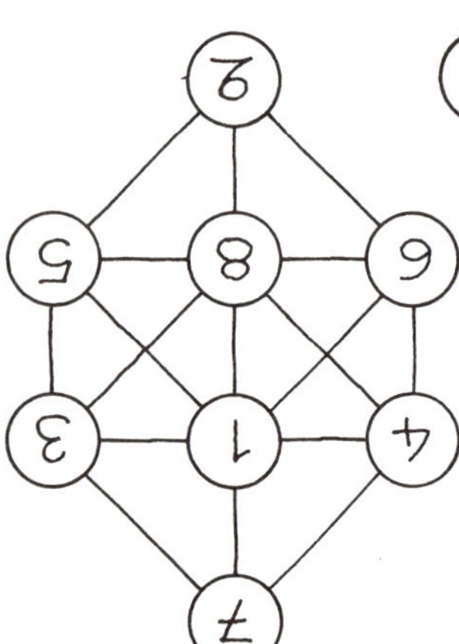

Jeu 2

Place les nombres de 1 à 9 sur l'étoile suivante de façon à ce que la somme sur chaque branche soit égale à 15.

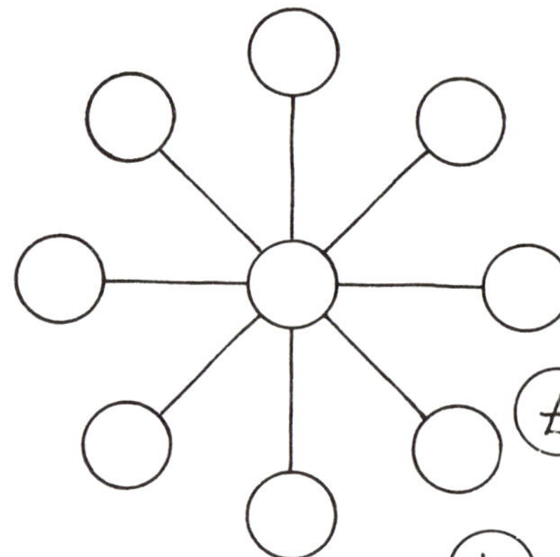

Réponse :

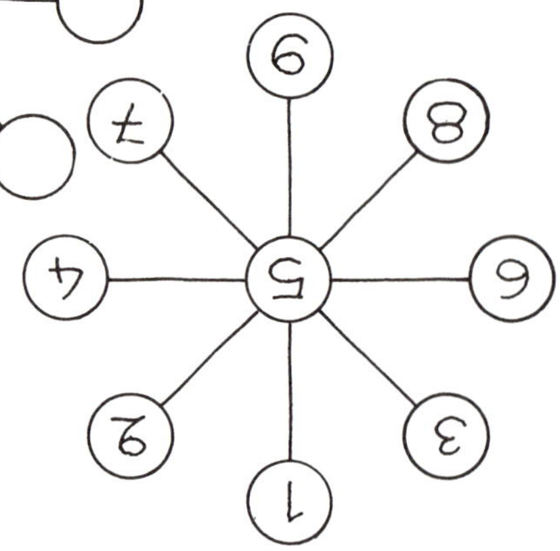

Jeu 3

Place les nombres de 1 à 9 sur le dessin suivant pour que le total sur chaque côté du triangle soit égal à 17. Tu peux faire le même jeu avec un total de 20.

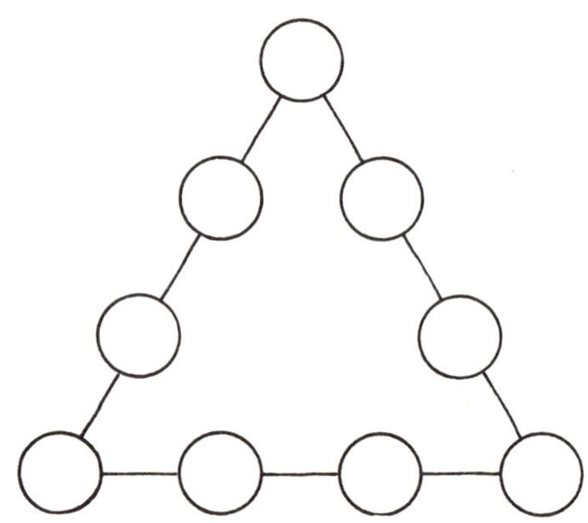

Réponse : il y a plusieurs solutions, en voici deux :

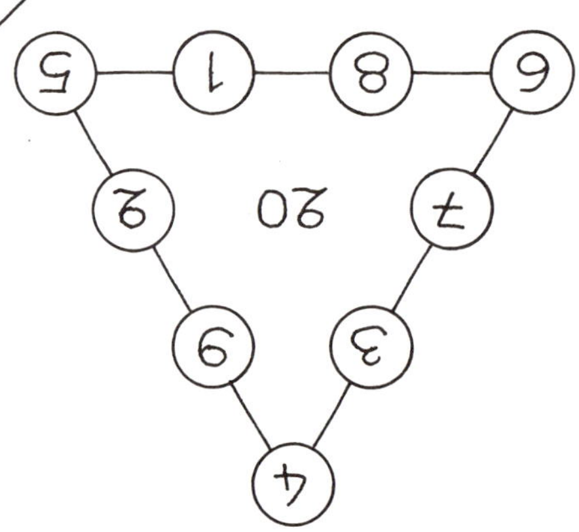

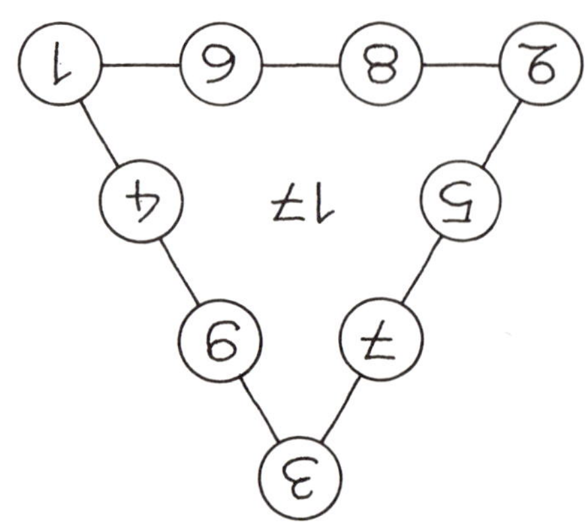

… avec les calculs

Certains calculs présentent des particularités. A toi de les découvrir et d'essayer de les comprendre.

Jeu 4

Choisis trois chiffres quelconques (par exemple 2, 3, 5). Écris un nombre de six chiffres utilisant deux fois ces trois chiffres dans le même ordre (par exemple ici 235 235). Divise ce nombre de six chiffres par 13, puis le résultat par 11, puis le dernier résultat par 7. Recommence avec d'autres chiffres. Que constates-tu ?

Réponse : tu vas obtenir, si tes calculs sont exacts, le nombre de trois chiffres choisi au départ (dans l'exemple 235). Quand on effectue 13 × 11 × 7, on obtient 1 001, et un nombre de trois chiffres quelconques, par exemple abc, *multiplié par 1 001 donne toujours* abc abc.

Jeu 5

Choisis un nombre de deux chiffres (par exemple 68). Écris-le deux fois à côté de lui-même pour obtenir un nombre de six chiffres (par exemple, ici, 686 868). Divise ce nombre par 3 puis le résultat par 7 puis le résultat par 13, puis le dernier résultat par 37. Que remarques-tu ? Recommence avec d'autres chiffres.

Réponse : tu retrouves le nombre de deux chiffres de départ. Comme dans l'exercice précédent toutes les divisions faites tombent juste. Si tu effectues 3 × 7 × 13 × 37, tu obtiens 10 101. Un nombre quelconque ab *multiplié par 10 101 donne* ab ab ab.

Jeu 6

Choisis trois chiffres différents (par exemple 1, 4, 3). Écris tous les nombres de trois chiffres que tu peux fabriquer avec (il y en a six). Fais la somme de ces six nombres de trois chiffres et divise ce résultat par la somme des trois chiffres choisis au départ (dans l'exemple 1 + 4 + 3). Recommence avec d'autres chiffres. Que constates-tu ?

Réponse : tu obtiens toujours 222, car tu additionnes à chaque fois, pour les unités, dizaines, centaines deux fois la somme des trois chiffres de départ.

Jeu 7

Calcule (8 − 3), (78 − 23), (778 − 223). Peux-tu prévoir le résultat de (7 778 − 2 223) et de (77 778 − 22 223) ? Vérifie et essaie de trouver d'autres exemples semblables.

Réponse : 5, 55, 555, 5 555, 55 555.

Jeu 8

Place entre les chiffres 9 un signe d'opération (+, −, ×, :) et des parenthèses pour obtenir une écriture correcte sur chaque ligne :

9 9 9 9 = 0
9 9 9 9 = 3
9 9 9 9 = 19
9 9 9 9 = 80

Réponse :

9 − 9 + 9 − 9 = 0
(9 + 9 + 9) : 9 = 3
(9 + 9) + (9 : 9) = 19
(9 × 9) − (9 : 9) = 80

… et avec une calculette

Jeu 9

En effectuant 6 × 8 513 à la calculette, tu trouveras dans quel château Henri III fit assassiner le duc de Guise.

51078

Réponse : retourne ta calculette et tu liras BLOIS.

Jeu 10

En calculant 1 759 × 2, tu trouveras le nom d'un vent.

3518

Réponse : retourne ta calculette et tu liras BISE.

Trouve d'autres devinettes du même genre. Pour t'aider voici la correspondance chiffres renversés lettres sur la calculatrice :
0 O, 1 I, 2 Z, 3 E, 4 h, 5 S, 6 g, 7 L, 8 B, 9 b.

Index - Glossaire

Pour faciliter vos recherches, les mots figurant dans cet index, sont, dans le livre, en caractères *penchés (italique)* lorsque le texte est en caractères droits, et en caractères droits lorsque le texte est en *italique*.

abaque. Table à calcul utilisée dans l'Antiquité et permettant de résoudre de nombreux problèmes. De nos jours, on appelle abaques les *bouliers* compteurs, ou des tableaux graphiques facilitant les calculs. 10, 11, 19.
Araméens. Peuple qui habitait l'Aram (la Syrie). 16.

Babylone. Ancienne ville de basse Mésopotamie*, sur le fleuve Euphrate. 13.
Babyloniens. Habitants de Babylone*.
Bagdad. Aujourd'hui capitale de l'Irak, ville très prospère du VIIIe au XIIIe siècle. 24, 25.
base de numération. Nombre d'unités d'un certain ordre nécessaire pour fabriquer une unité d'ordre immédiatement supérieur. Notre système de numération est de *base dix*.
boulier, 10, 22, 23.

calame. Stylet en roseau dont les Sumériens* et les Babyloniens* se servaient pour écrire. 12.
calculus (au pluriel *calculi*). Nom latin de caillou qui a donné notre mot calcul parce que l'on comptait avec des cailloux qui furent, plus tard, remplacés par des boulettes d'argile. 10, 11, 12.
chiffre. Symbole qui permet l'écriture d'un *nombre :* 32 est un nombre de deux chiffres.
chinoise (numération), 24, 27.
clepsydre. Horloge à eau. 13.
codex (au pluriel *codices*). 20.
culeus, 19.
cunéiforme. Se dit de l'écriture, en forme de coin, utilisée notamment par les Sumériens* et les Babyloniens*. 12.

Élam. Ancien État voisin de la Babylonie*, partie inférieure de la Mésopotamie*. 12.
entiers naturels. Nombres entiers commençant à zéro (0, 1, 2, 3...) et allant jusqu'à l'infini.
Étrusques. Habitants de l'Étrurie, ancienne région de l'Italie aujourd'hui la Toscane. Ils s'y installèrent dès le XVe siècle avant notre ère. 18.

GERBERT D'AURILLAC, François. Né en Auvergne en 938. D'abord moine puis évêque de Vichy, il fut pape en 999 sous le nom de Sylvestre II et mourut en 1003. Mathématicien et astronome, il perfectionna l'abaque à calculi*. 27.
gnomon. Ancêtre des cadrans solaires. Constitué d'une tige rigide plantée dans une surface plate et horizontale permettant de repérer le temps d'après la longueur de l'ombre portée du bâton. 20.

heqat, 15.
hiéroglyphe. Caractère de l'écriture des anciens Égyptiens qui représentait d'abord des choses elles-mêmes, puis des sons. 14.

Incas. Habitants de l'empire quichua, au Pérou, au temps de la découverte de l'Amérique. 20.
Indochine. Péninsule de l'Asie entre l'Inde et la Chine.

Mayas. Indiens de l'Amérique centrale de l'époque précolombienne (ancien Empire 320 à 987, nouvel Empire 987 à 1687). 8, 20.
Mésopotamie. Région de l'Asie entre les fleuves Tigre et Euphrate, aujourd'hui l'Irak. 6.

nombre. Notion abstraite qui permet de dénombrer des objets, de les classer ou de mesurer des grandeurs. Ne pas confondre avec *chiffre :* 24 est un nombre de deux chiffres.
numération. Façon d'écrire les nombres* et de les prononcer.
numération de position. Les chiffres* changent de valeur suivant la position qu'ils occupent. 20, 24.
numération additive. Pour avoir la valeur d'un nombre il suffit d'additionner la valeur de chaque signe formant le nombre. 12, 14, 16, 18, 24.
Nuzi. Antique cité de Mésopotamie, de la région de Mossoul en Irak, et datant du XVe siècle avant notre ère environ. 6.

papyrus. 14.
PASCAL, Blaise. Savant et écrivain français (1623-1662). 10, 11.
Phéniciens. Habitants de la Phénicie, région côtière de la Méditerranée, actuellement partagée entre le Liban et la Syrie. 16.
polos. Ancêtre des cadrans solaires : bâton planté dans une demi-sphère graduée. 13.

quipu. 21.